I0176778

Loly Triana

De Amor y Locura

Erotismo en la Tercera edad

Poemas

Publicado por
D'har Services
P.O. Box 290
Yelm, Wa 98597
www.dharservices.com
info@dharservices.com
dharservices@gmail.com

Derechos de autor © 2013 Loly Triana

Carátula© Xiomara García

ISBN-13: 978-1-939948-10-6

A:

ÉI

A mis padres
In memorian
Quienes cultivaron en mí el amor a la poesía.

Agradecimientos

A:

Mis hijas: Graciela y Grisel.

Alejandro Acosta.

Otros familiares.

*Francisca Argüelles directora
"Club de Literatura"*

Edilma Ángel, mi editora.

*Prof. Orestes A. Pérez director
Club Cultural de Miami "Atenea"*

*Nayda Zamora, Maryté García, Mireille Moltó
y Luis.*

Mis amigos y amigas; los de aquí y los de Cuba.

Mis maestras y profesores.

Índice

Loly Triana

Nació en la ciudad de Morón, entonces provincia de Canagüey, Cuba, un día de domingo del mes de julio de 1948. Su padre fue obrero y su madre maestra de primaria y más tarde, graduada de Filosofía y Letras en la Universidad de La Habana, por estudios libres, por lo que creció en un hogar donde el estudio, la lectura y la práctica religiosa, de la denominación Episcopal, eran el centro de actividades. En el colegio Episcopal "La Trinidad" estudió la primaria elemental hasta terminar séptimo grado en 1961, año en que fueron intervenidos los colegios privados.

La Segunda enseñanza media, octavo y noveno grados, los cursó en la escuela pública "Salvador Cisneros" y el Pre Universitario en el Instituto de Morón, "José A. Echeverría".

Desde su adolescencia se inclinó a estudiar la carrera de Arquitectura, después de graduada ejerció su profesión en empresas estatales durante

26 años; posteriormente trabajó para una firma extranjera durante 4 años.

Siempre le gustó escribir, las clases de composición literaria le fascinaban. En el pre universitario comenzó a escribir sus primeras poesías.

Escribió textos técnicos y científicos, en algunos casos ayudó a sus compañeros de trabajo en redacción, como correctora de estilo.

Después de jubilada incursionó en diversos temas: críticas político-sociales, cine, novelas, relatos y meditaciones religiosas.

En marzo del 2013, comenzó a escribir nuevamente poemas y una novela, la cual está en revisión, saldrá el próximo año.

Este libro de poemas es una pequeña recopilación.

Le gusta participar en los diferentes concursos de poesía.

Y te vas

Es tu derecho
Y te vas...
Ha quedado atrás
nuestra juventud ardiente,
la alegría del encuentro,
el intenso palpitar.
Y te vas...tras ella,
pasmado por su frescura y belleza,
vas buscando lozanía, desechando madurez
y lo comprendo:
Ya no existe entrega mutua,
ni deseos compartidos.
la pasión se ha disipado
porque ya no hallamos goce,
el amor ya se extinguió,
pues lo matamos los dos.
Y te vas...

Ávida de ti

Desperté pensando en ti, por nuestras horas pené
y ávida del momento, tuve hambre de tus besos,
¡Sed de que me ciñeras!

La distancia me mata: yo sé que estás con ella.
Mas sigo pensando en ti y te anhelo junto a mí,
¡No te quiero compartir!

Ambiciono tenerte para empezar de nuevo
hasta una entrega sin fin, regocijarme quiero,
¡Ven, dame de tu fuego!

Pido que me hables quedo para en éxtasis estar,
gozando lo que dices, el cielo voy a escalar.
¡Sonrojémonos tú y yo!

Tan presente te sentí, que te creí junto a mí
me poseyó el delirio, y tu aliento percibí,
¡Fui perdiendo la razón!

En mi embriaguez aprecié caricias en huracán,
luego requiebros lentos que extendieron el placer.
¡Me querías seducir!

Con locura y frenesí advertí que sucedió
porque el rocío cayó al alcanzar el cenit,
¡Disfruté de un gran confort!

Bañados en la cama habría sido mejor,
o en la encimera, el tapiz, la mesa del comedor...
No me importa en qué lugar ¡Regalándonos!

20 años en soledad

Noche tras noche sin el sueño conciliar
era un fuego que quemaba
como lava de un volcán dentro de mí,
entre sueño y pesadilla
afloraba la humedad,
y no entendía...

Me adormecía...
Soñaba...con mimos y besos...
Manos tiernas y bruscas
coqueteaban con mi cuerpo,
una boca buscaba mis senos.
Y de nuevo la humedad...
que apagaba el fuego,
calmaba el verter del volcán.

Tercera edad

Escucha:
¿Qué la nieve en el cabello enfría la ilusión?
¿Qué los pliegues de la piel ya no se palpan?
¿Qué el seno inerte no necesita caricias?
¿Que solo la fruta fresca nos hechiza?
¡Demente! Demente si eso crees,
piensa:
¿Es que acaso el añejo vino no es el más codiciado?
¡Derrama!
Derrama vino añejado en la fruta ya marchita
y renacerás de delirio y de placer.
Con nuestro cabello blanco y los pliegues en la piel,
con el seno desmayado, con la fruta envejecida,
¡Amamos!
Nos damos plenamente fusionando nuestro goce,
disfrutando nuestro hacer.
Amamos, como hombre y mujer.

Hablando de ti y de mí

De ti, el mismo de otro poema...
de mí, que no estoy en los tuyos ¡qué más da!
de ti, que te conformas con el encuentro intangible...
de mí, que te deseo palpable,
de ti, que te escondes detrás de un móvil,
de mí, que te escucho atenta a través del celular.
De ti, que sabes decir palabras exactas en el momento
preciso...
De mí, que me extasío oyéndote, pero que te necesito...
De ti, que me elevas con lo dicho,
de mí, que me dejo elevar cuando te escucho.
De ti, que me envías poemas que me hacen vibrar,
de mí, que al leerlos sueño que son para mí.
De ti, que no me quieres en tu entorno,
de mí, que anhelo tu contacto para sentirte mío...
De ti, que te conformas con poco,
de mí, que necesito más...
De ti, que me dejas partir sin mirarme ni un instante,
de mí, que tengo que marchar hacia un lugar tenebroso.
De ti, que no has estado en continencia,
de mí, que viví veinte años lejos de todo sentido,
de ti, que me rescataste de ese vivir vacío,
de mí, que acepté tu rescate que creí un desafío.
De ti y de mí ¿qué más puedo decir?
Que tú y yo, yo y tú, sin podernos tocar... besar... amar...
bañados en nuestros líquidos.
De ti, provocándome... de mí ¡Dejándome llevar por los
instintos...!

19

Te escurres

¿Dónde estás?
¿Es que ni mi voz quieres escuchar?
Te escurres,
me reclamas que no tengo tiempo para ti,
¿Es que acaso tú lo tienes para mí?
¿Dónde estás?
Te imagino esperando mi llamada,
sentado en tu sillón más cómodo
o escribiendo versos, relatos...
sin acordarte de mí,
sin que una neurona tuya se ocupe de imaginarme,
concentrado en lo tuyo,
¿Será?
O, quizá, diciéndole a otra, lo que me has dicho a mí.
¡Dichosa! Dichosa aquélla que te escucha,
aquella que ocupa tu atención,
la que siempre te da su tiempo,
la que no te frena por la llegada de alguien,
¡Cuánto daría yo por ser esa!
Sé lo que vas a decir,
si yo quiero, es así,
no te escurras...
Todo depende de ti.

Silencio

¿Por qué el silencio?
¿Huyes de la sensualidad
Qué tu indujiste?
No lo creo,
no eres de los que escapan del ardor,
de la intensidad del deseo,
ni de los que hacen fuego
y se alejan temiendo abrasarse.
Te recreas en el recuerdo
de la pasión vivida, sin vivirla,
de la piel que no tocaste,
de la boca que no besaste
del vino del cual no bebiste.
Ante tu mutismo, que adivino apasionado,
percibo tu palpitar, te siento enardecido
esperando versos que te provoquen
y te hagan llevar por tus instintos.

Entrega

Y te quise tener
desde aquel día,
no con la ternura que a una rosa
sino con la codicia y la pasión
que me provocas.
Y me quise entregar
desde aquel día
para ser toda tuya
y que sintieras
esa misma pasión
que me provocas.

Si supieras...

Si supieras...
mi rebeldía para entregarme otra vez.
Si supieras...
cuanto te me adentraste para ceder.
Si supieras...
la desdicha que me invade estando lejos de ti.
Si supieras...
mi anhelo por el reencuentro me incita a cruzar el mar.
Si supieras...
evoco tus besos cual si fueran primigenios.
Si supieras...
la nostalgia por tus mimos, tus abrazos, esa manera de
dar...
Si supieras...
mi asombro ante el nuevo palpitar.
Si supieras...
¡Qué te quiero disfrutar!
Si supieras...
¡Para darme toda a ti, voy a cruzar el mar!

Volando

Era paloma herida que tiene miedo volar,
quizás pájaro preso que teme la libertad.
Vino el Señor con amor, me remontó en sus brazos,
me mostró otro entorno, luego tomó mi mano
quiso darme a conocer sitios inusitados,
gente de almas hermosas y sencillas encontré.
De alegría me embargó, desterró de mí el temor.
Luego lo trajo a él, me colmó de júbilo,
al incitarnos a amar,
y, cual paloma que ha sanado de su herida,
Batiendo alas me entregué.

De amor y locura

Era tanta felicidad que recelé,
temí que pudiera escapar cual mariposa,
me perturbó la distancia,
lo imprevisto, la suerte «Y eso que niego el destino»
los sortilegios, en los que no creo,
me sentí morir,
recordé a la Niña,
entregando su vida al río, por amor,
a Alfonsina, enajenada, dejándola en el mar.
Y yo queriendo vivir desenfrenada e intensamente,
de amor y locura,
lejos del río y del mar,
aunque no me versen ni me canten,
porque yo quiero vivir amándote
el tiempo que me quede,
el mucho, el poco, el menos o el más,
entregándote la vida, ¡Viviendo por amor!

Anoche soñé

Anoche soñé contigo,
y dicen que la distancia y el tiempo
hacen el olvido,
¡Mentira!
quien llega como tú
no se olvida.
Aunque nos separen mares, ríos y montañas,
gobiernos, y gestiones burocráticas
aquí te siento, haciéndome el amor
con desenfreno.

Reencuentro

Palpito vislumbrando el reencuentro.
Deseo obsequiarte sin mesura,
que nuestros cuerpos se enmarañen
transpirando a la vez.
Resucitar momentos vividos,
amándote con todo el fuego que nace de mí.
¡Darte la vida misma viviendo sin fin!

Deseos

Tengo deseos de ti
sin embargo siento miedo,
a que me hagas el amor,
que me abraces, que me beses,
que me acaricien tus manos,
y de sentir tu calor,
que corra un río de lava,
que nos abrase a los dos.

Exaltación

Intento esconder mis emociones
para que no te espantes,
ni tu carne tiemble
por mi exaltación desmesurada
y temas quedar cautivo
enrollado conmigo en este lecho,
mientras te entrego mi esencia exagerada
disfrutando de tu hacer casi perfecto, por humano,
mojándote a la vez que me humedezco.

Temor

Temí,
abrigué miedo de perderte,
me ahogaba la angustia
¡Decidí buscarte, encontrarte,
rogarte que me sedujeras
como tú sabes!
Regalarme yo hasta agotarme.
Te soñé, te imaginé, te pensé,
sentí tu abrazo... Escapó el temor...

Traición

¿Por qué la vida traicionera
nos pone de espaldas
uno al otro?
Para impedir que nos amemos
frente a frente,
confundiendo tus ojos con mis ojos,
enredando tu cuerpo con el mío,
anegados los dos
de tanto gozo.

Retorno

Quiero retornar a ti,
regalarte mi amor de colegiala de la tercera edad.
Recuerdo el encuentro breve
colmado de intensidad
de osadía en el otoño
e ilusión primaveral,
develando con certeza nuestros puntos de placer.
deseo regresar a ti:
prodigarte caricias ardientes.
¡Hacerte el amor de mil formas diferentes!

No hay infinitos

Hoy te presentí distante... no sé,
acaso me encontraba susceptible,
te percibí lejos, como si no fueras tú,
y tampoco fuera yo, para ti.
Sentí dolor,
pero fue solo un momento
mínimo para hacer este poema.
Eso bueno tiene amar, como adolescente, en la tercera
edad:
Lo que se cree infinito
no es más que un sinsonte en vuelo
que nos brinda su cantar
y disfrutando el instante,
sin llanto, percibimos que se va.

No los hay

Hoy no te noté distante, lo estabas,
no es que estuviera susceptible,
definitivamente no eras tú
ni yo era la misma para ti
no sentí dolor
es un privilegio amar
en la tercera edad.
Sabemos que no hay amores infinitos,
solo son aves en vuelo
que nos brindan su cantar,
y después de gozar ese instante,
sin llanto, descubrimos que se van.

Solo quiero

Solo quiero que me ames una vez
que tu piel y mi piel sean una,
que tu olor se mezcle con el mío
y nuestro sudor sea uno,
que sacies mi sed de amarte
apagando mi fuego con el tuyo.
Un géiser arde dentro de mí deseando salir
y tú puedes provocar su brote.
Solo quiero sentir tus ansias,
que descubras las mías,
para subir, subir, ¡subir hasta el cielo!
enloquecer de espasmos llegando a la cima,
quemarte con mi calor escapado.
Luego empezar de nuevo... volver a temblar de placer
una y otra vez hasta el infinito.
Solo eso quiero.

Realidad

Temí y no sin razón
presentí lo inesperado,
y llegó:
Te has quedado inmóvil
cada vez más lejos en el tiempo
que se acorta, del que no queda mucho,
que se va, como un home run
arrastrando nuestras vidas.
¿De qué sirvió la entrega?
¿Para recordarme que estoy viva,
que puedo amar y sentir?
¿Y...? ¿Es eso todo,
burlesco, quimérico, falaz?
¡Qué tramposa la vida!
¡Qué estúpida yo, creyendo en regalías!
¿Qué me queda?
Reírme, reírme como una loca de mí, ¡Si, de mi misma!
¡Por soñar, ciega a la realidad!

Desengaño

Si supiera:
Hube de cruzar el mar para darme toda a él,
Si supiera:
Me inventé fantasías pensando en su hacer.
Si supiera:
Que no fue el mismo que dejé
Si supiera:
¡El desengaño fue cruel!
Si supiera:
La pasión se esfumó cual niebla en el horizonte.
Si supiera:
Ya no quiero darme a él.

El amor se va

¡Qué rara la vida, qué ladina!
Qué misterio es a veces amar.
Tener certeza en lo eterno
y que la emoción se esfume sin más.
Que el amor acabe, sin darnos aviso,
quizás nos de indicios de que algo va mal,
para luego escaparse
sin dudas, ni mirando atrás.

Adiós

Te he encontrado diferente
no eres aquel que amé.
Como Penélope
tejí en vano mil sueños.
Ahora entierro la pasión
que liberaste de mí.
Mas fue bueno, supe que no estaba muerta,
solo era un volcán dormido, que había que despertar,
hoy te digo adiós pues ya no te puedo amar.

Pasado

Quise amarte eternamente,
brindarte un amor bravío
a la placidez unido,
pero solo te apetece
beber mis fresas vacías,
mientras te voy poseyendo
para llevarte a la cima.
Este es todo tu motivo
aunque a la zaga me quede.

Desamor

Se me antoja que te marches
porque ya no siento nada
cuando hacemos el amor.

El placer de tus caricias
otro camino tomó
porque ya no me extasío
cuando acaricias mi cuerpo
para excitar mi emoción.

El amor se ha terminado,
te invito a decir adiós.

Amor

Sabes, ya no te amo
de mi corazón te has ido
como deslizar de brisa
porque esa inercia tuya
me acuchilló muy adentro.
Mas no has de preocuparte,
estoy henchida de amor,
porque otro ya ha llegado
ofreciéndome pasión.
También amo el Universo,
las aves, el río, el sol
amo la vida infinita
porque amo a Dios.

El juego

Cerrarte los ojos, me pediste un día,
te dije que callaras,
pues quería tu vida,
arrullarte en lecho de rosas,
besar tu cuerpo marchito,
seducirte lentamente,
cautivarte con mis mimos.

Mas me creíste muñeca
siempre lista a tus deseos
sin importarte mucho
que disfrutara el recreo.
Hoy me marcho, estoy cansada,
no quiero seguir el juego,
me traigo mi piel ya mustia
y llevo arrugada el alma.

Páramos

Camino y ando sin parar
he amado y de amar tanto
tengo afiebrada la tez,
un páramo sin brisa
anida un desierto en mi ser.

Descubro uvas marchitas
en el árbol de mi vida,
y lo quiero florecer.
Padezco una pasión estéril
que pretendo renovar,
pese a mi pelo agrisado,
a que no es tersa mi piel,
anhelo un amor diferente
capaz de amarme a la vez.

De nuevo el amor

Ganas de ti

Tengo ganas de ti
que en el lecho me derribes
y me beses con pasión
que me acaricien tus manos
cubriéndome tu calor.
Quiero hacer el amor contigo,
sentir tu humedad entre mis muslos
encenderte con mi ardor.

Ámame así

Quiero que me ames
con ternura
acariciándome suave
mirando el atardecer.
Tomándome de la mano
junto al apacible río,
o inclinados a la fuente
en un hermoso vergel.
Que no mires mis arrugas,
yo tu piel marchita no veré.
ama mi pelo plateado
que en el tuyo, yo la nevada amaré.
Que seas feliz a mi lado
oyendo música, disfrutando un filme,
quiero tu amor sensible
sazonado por el sexo
embriagándome sin fin.

Fuego

Era sensación ardiente,
como de flama encendida,
mas yo no quise apagarla,
sigue abrasándome dentro
pues necesito tu llama
para apaciguar la mía,
que el agua vuelva a la fuente
y el fuego busque la calma.

Hoja al viento

Hoja que en el viento soy
cuando te miro.
No sé porque tiemblo toda
al escuchar tu voz,
es que siento, que tú sientes,
que tu pasión se desborda
ardiente, cual vivo fuego,
pues ansioso estás de amar
y de que también te amen,
como yo te puedo amar.

Impacto

Quiero decirte que cuando llegas
me palpita el corazón.
Que se me encrespa la piel,
se estremece mi interior.

Porque de solo mirarte
me penetras por los poros
calándome hasta los huesos.
¡Es que imagino tus besos!

Yo tengo un pecado nuevo
que quiero estrenar contigo...

Pecar contigo

Avivas en mí una avaricia
que me induce a provocarte.
para excitar tus deseos
y me lleves al diván,
invitarte a acariciarme,
a que juegues con mis senos
a la vez que yo te arrulle
como a un juguete nuevo.
Que besos apasionados
compartamos en el lecho,
que entre los dos se deslice
caudaloso río de fuego.

Sueño

Sueño amarte como a un niño,
tu cabeza en mi regazo
con ternura acariciar,
tu piel suavemente tocar
susurrándote al oído
apacibles frases de amor
para que luego me abraces,
y me queme tu calor.

Vestido nuevo

Con esa misma ilusión
que estreno un vestido nuevo
anhelo iniciarme en tu amor,
porque quiero tu apetencia
para que llenes tu boca
de las flores que te ofrezco,
disfrutando su perfume
libando en su mismo medio.
Que me des el canastillo
para paladear tus frutas,
y degustar de su zumo
regocijándome en ello.

Elocuencia

Ese profundo silencio
necesario entre tú y yo
devela una elocuencia
semejante a los temblores
del quedarnos saturados
al arribar a la cumbre.

Es que pensar en tu nombre
me estremece de pasión,
leer una frase tuya
me produce conmoción,
adivinarte callado
es para mí maravilla
como la de estar a tu lado
haciéndonos el amor.

Escapada del dolor

Puedo escapar de la pena
que el desamor origina,
sé que la noche ha caído
cubriendo la luz del día,
que nubes negras intentan
desatar un vendaval,
pero nuestro anochecer
no da paso a la borrasca,
con el paso de los años
aprendemos a lidiar
con lluvias y fuertes vientos
que nos puedan derribar,
enfrentamos con sosiego
el dolor del extravío
sabiendo que a nuestro tiempo
no hace mella el desatino.
Disfrutamos el instante,
el futuro es cada día
sin mirar hacia adelante
vemos florecer la vida.